Brigittas Engel

zu Besuch im

Rogner Bad Blumau

Fotos von Brigitta Henke-Theel

Schneeball-Gedichte: Dr. Horst Theel

Ich liebe Engel, ihre völlig unterschiedlichen Darstellungsformen, ihren Sinn, der in allen Religionen deutlich wird und die riesengroße Hoffnung, Fürsorge und Liebe, die ich bei einer Begegnung mit ihnen spüre.

Ich liebe Hundertwassers Kunst, sein ökologisches Denken und vor allem seine Architektur.

Deshalb will ich beide Lieben von mir versuchen zusammen zu führen

Seit Jahren fahren mein Mann und ich gerne ins Rogner Bad Blumau. Dort sind auch die Fotografien von mir entstanden.

Zu sehen sind hier "meine Engel"- teils verfremdet, teils später eingesetzt, zunächst auf unterschiedlichen Friedhöfen und anderen Orten fotografiert und damit neu interpretiert in diesem wunderschönen Hundertwasser-Hügelwiesenland.

Mein großer Dank gebührt Herrn J. Harel, dem Vorsitzenden der Hundertwasser Stiftung. Er hat den Gedanken, meine beiden Lieben in Form von Kollagen für diese Publikation zusammen zu führen genehmigt.

Auch Frau Direktorin M. Franke hat mir geholfen und natürlich Herr KR Rogner. Ohne sein Treffen mit Friedensreich Hundertwasser hätte es dieses geniale Weltunikat und auch dieses Buch nie gegeben.

Nachdem mein Mann meine Fotos sah, bekam er Lust darauf, mit seinen Schneebällen (Gedichtform) meine Foto-Visionen noch zu verstärken.

Rogner Bad Blumau ® Hundertwasser Architekturprojekt
Herstellung und Verlag BoD - Books on Demand, Norderstedt

ISBN: 9783744821407

Oh

Friedensreich Hundertwasser

Du großer Maler

Du ein begnadeter Architekt

Du Kämpfer für die Umwelt

Du hast große epochale Taten gesetzt

Mit deinem Hügelwiesenland ein geniales Werk geschaffen

Heiße Thermal Quellen in Rolling Hills

Weltweit einzigartig, märchenhaft, romantisch, harmonisch,

Bunt, kreativ und umweltbewusst

Für uns Genießer

Alles perfekt

Danke!

„Architektur“
Sagt Hundertwasser,
„Braucht kein Zentrum,
gute Architektur schafft Zentren“
Das Hügelwiesenland in Bad Blumau
Ein Ort der Ruhe, der Entspannung
Hundertwassers Idee in die Landschaft wunderbar integriert
Bunte Säulen, begrünte Dächer, 2400 Fenster
Das Modell wird engelhaft beschützt
Wasser Quelle des Lebens
Hier vollendet geschaffen
Großartige Visionen
Genuss

Caspar

Melchior, Balthasar

Gleich am Eingang

Die Quellennamen sind bekannt

Aber hier sind´s die Temperaturen

Die Hitze steigt zu den Engeln

Sie küssen sich schon wieder so intensiv

Merken nicht das Trompetenlied von unten

Plätschern auf Marmorstein unterbricht nichts

Auch ihre Beziehung nicht

Gebannt im Glück

Zu Zweit

Zufriedenheit

„Kaffeeklatsch“

Am Anfang

Der langen Tour

Was erwartet die Engel?

Kunstvolle Ansichten und interessante Einsichten

Luftige Aufsichten, wellige Weitsichten, spannende Durchsichten

Ein Potpourri von Farben, Materialien und Lebensfreuden

Super Fenster, glänzende Säulen, wilde Wege

Für fliegende Engel nicht fühlbar

Innerlich gespannt, voller Zuversicht

In aufgeregter Erwartung

Starten sie -

Gewissheit

Zwei

Stürmische Engel

Umfliegen etwas Besonders

Begeistert von goldener Zwiebel

Nie gesehen - sonst essbar braun

Hier strahlend, leuchtend, spiegelblank, sonnig, herrlich

Die Kugel sie lädt zum fliegenden Tanz

Die gelben Frühlingsblumen -werden nicht wahrgenommen

Wie im Karussell rotieren sie

Sie kreiseln und wirbeln

Bei Menschen unmöglich -

Oder doch?

Paradiesisch

Engel

Blindes Fenster

Kein Blick hinein!

Liefert uns eine Idee,

Die grauer Beton nicht hat.

Auf dem Fensterbrett sitzend, grübelnd, sinnend

Welche ernsten Geschichten erzählen die alten Dachziegel

Von schwerer Zeit oder von Freude?

Der Engel weiß es bestimmt

Wir bestaunen diese Fenster

In kunstvoller Bauweise

Der Engel

Bewahrt

Ruhebank

Auf Sommerwiese

Wer sitzt da?

Etwas mit riesigen Flügeln

Ausgebreitet – also abflugbereit, trotzdem verweilend

Fasziniert durch den Blick aufs Kunsthaus

Wie im Märchen oder im Himmel – herrlich

Zwitschernde Vögel, strahlende Sonne, ungemähter Rasen

Kommt sogar durch die Bank

Kitzelt im zarten Windhauch

Engel bleibt sitzen

Spürbare Natur

Engelgenussbank

Engel

In Lampe

Erweitert die Sicht

Gibt Frieden dem Haus

Das von Menschen gebaut wurde

Von Hundertwasser genial entworfen wurde

Die Fassade mit Steinen kunstvoll imposant gestaltet

Wie ein Hügel in der Landschaft

Passt sich das Haus an

An die hügelige Landschaft

Die grüne Umgebung

Engel wacht

Steinhausengel

Rundfenster
Blick hinaus
Auf das Stammhaus
Der Engel zeigt uns:
Da ist die goldene Kuppel
Immer Sinnbild des Paradieses bei Hundertwasser
Wo können wir es noch so finden?
Im Hier und Jetzt - wo sonst!
Schöner kann es nicht sein
Die Blicke, der Fingerzeig
Bekräftigen und deuten
Den paradiesischen
Weg!

Engel

Am Engelstein

Einem geomantischen Platz

Blick auf das Steinhaus

Eingebettet im Hügelwiesenland zwischen Hochzeitsbäumen

Steinige Fassade, farbenfreudige Fenster, runde Balkone

Ein Ort, der zum Urlauben herzlich einlädt

Begrüntes Dach - der Natur zurück gegeben

Der kraftvolle Engelplatz gibt Energie

Mit oder ohne Flügel

Die Schwingungen erfahren

Des Universums -

Gott

Löwe

Fehlt mir

Dafür kopierte ich

Mir das blaue Turmdach

Anstelle der Fackel – bin froh

Der Aufstieg aufs Rasendach fällt leicht

Erfreut mich, bringt Schwung, lässt Muskeln sprießen

Obwohl ich meine Flügel nutzen könnte

Doch laufend spüre ich Rasen

Der kitzelt, lässt lachen

Wer hätte das

Vom Engelschelm

Gedacht

Muskulöser

Starker Engel

Stützt sich auf

Sieht aus dem Fenster

Denkt, sinnt, überlegt und erkennt

Soviel Schönheit, Natürlichkeit und Pracht

Dient der Besinnung, Lebensfreude, Weltliebe und Neuerkenntnis

Körperstärke weicht Frohsinn, Leichtigkeit und Genussfähigkeit

Auf ins wohlige, warme Vulkania

Dort eintauchen ins Heilwasser

Schwebend Sorgen ignorieren

Probleme weg

Gelöst

Jugendstilengel

Am Kunsthaus

Vor schwarz-weißen Fliesen

Linien durchbrechen vielfältige Vierecke

Konkrete Erinnerungen ans Kunsthaus Wien -

Wohnstadt im Urlaub - Räume voller Glück!

Der Grazer Engel in dieser prachtvollen Kulisse

Beide erinnern uns an vergangene Zeiten,

Geschaffen für ewiges Besinnen!

Hier bei Hundertwasser

Für immer

Präsent

Türen

Himmelblau Kugelrot

Umrahmen die Säulen-

In zwei der Scheiben

Verstecken sich konzentrierte, kniende Engel.

Eine Art Torwächter des inneren Friedensreichs?

Gäste vom Kunsthaus genießen den gesicherten Durchgang

Eine interessante Note von Frieden - Frischluft

Mögen alle Besucher dieses Hauses

Durch sie beschützt sein!

Verbindung von Architektur

Und Engeln:

Engelarchitektur

Regenbogen
mit Engel
Farben leuchten prächtig
Augenschlitzhaus erscheint im Hintergrund
Bunte Fenster umrahmen den Regenbogen
Öffnungen, die Blicke zur Natur gestatten
Kolorierte Wände und Fenster dem Regenbogen gleich!
Der Engel erzeugt den bunten Strahl?
Er wacht über Natur und Mensch
Erfreut sich der Architektur
Fantastisch und friedlich
Hügelwiesenland mit
Regenbogenengel

Stammhaus

Etwas Neues

Noch nie gesehenes

Drei blaue virtuelle Fenster

Engel schauen in die Landschaft

Erfreuen sich hier an grüner Wiese

Warten auf die Realisierung einer großen Vision

Ein Bau soll das Ensemble erweitern

Den Plan Hundertwassers als Vorlage

Viele Wünsche werden berücksichtigt

Ein gelebter Traum

Vollendetes Hügelwiesenland

Schneckenhaus

Engel

Küssen sich

In schneebedeckter Natur

Der Nebel senkt sich

Das Haus lockt mit Wärme

Leben in Einklang mit der Umgebung

Man möge laut rufen: geht doch hinein!

Zarte Berührungen geben Schutz und Zuversicht

Für ein engelhaftes friedliches Stelldichein

Mit Raureif und Kälte

Rosenbank mit Liebe

trotz Winter

Engelskuss

Gesundheitszentrum

Eine Oase

Der erlebbaren Klänge

Der gefühlvollen, himmlischen Massagen,

Der Ruhe und der Harmonie

Betrachtet, durch einen sich öffnenden Genießerengel

Alle Seelen können baumeln durch ideale Mischungen

Von Vulkanias Heilquellen und edlen Ölen

Engel gibt sich dem hin

Beobachtet, registriert, genießt entrückt

Entspannung zum Weitergeben

Wohlige Zustände

Erholung

Himmelsplatz

Mehr Dachplatz

Arm-verschränkt, hinabblickend, sitzend

In luftiger sonniger Höhe

Die Natur, die Forsythien beobachtend

„Keine Wolke bekommt mich hier weg

So viele glückliche Menschen sehe ich selten

gefällt mir gut - hier bleibe ich"

Ob sie mich auch sehen

Ich winke ihnen zu

So spüren sie

Meinen Segen

Abflug

Engel

In Ruhe

Auf dem Balkon

Mit der besten Aussicht

Erblickt das Treiben im See

Schweben bei 38 Grad, Musik hören

Ist Balsam für Körper und Seele

Die Eiskristalle glitzern hinter ihm

Der Engel erzittert im Frost

Er schwingt sich auf

Gleitet ins Wasser

Bekommt Wärme

Herrlich

Vulkania

Traumhaft warm

Für Engel geeignet?

Er planscht im See

Erholt er sich nur mal

Der Vulkan - wann bricht er aus?

Er gibt dem See nur seinen Namen

Ein schwebender Engel im heißen Wasser

Seine bronzene Statur fällt auf

Er genießt die Sonne

Wie ein Urlauber

Endlich Wochenende

Vulkaniaengel

Dirigentin
Der Herbstfarben
Vor dem Haus
Rötliche Blätter im Sonnenlicht
Grüner Baum versperrt die Sicht
Der Engel schützt sacht die Natur
Vom Balkon aus hat er den Überblick
Die weite Landschaft lässt sich erahnen
Bald fallen all die Blätter
Die Engelsmusik beruhigt uns
Nach dem Winter
kommt Frühling
Herbstengel

Melchior

Gefrorene Quelle

Sie sprudelt noch

Und kann nicht versiegen

Im Ursprung heiß und ungezähmt

Engel ehrfürchtig vor gebändigter, wilder Natur

So klein und schützenswert vor riesigen Eiszapfen

Er bringt eine andere Kraft ein,

Die innere, die unendlich wirkende

Für des Menschen Sehnsucht

In seiner Seele

Findet er

Harmonie